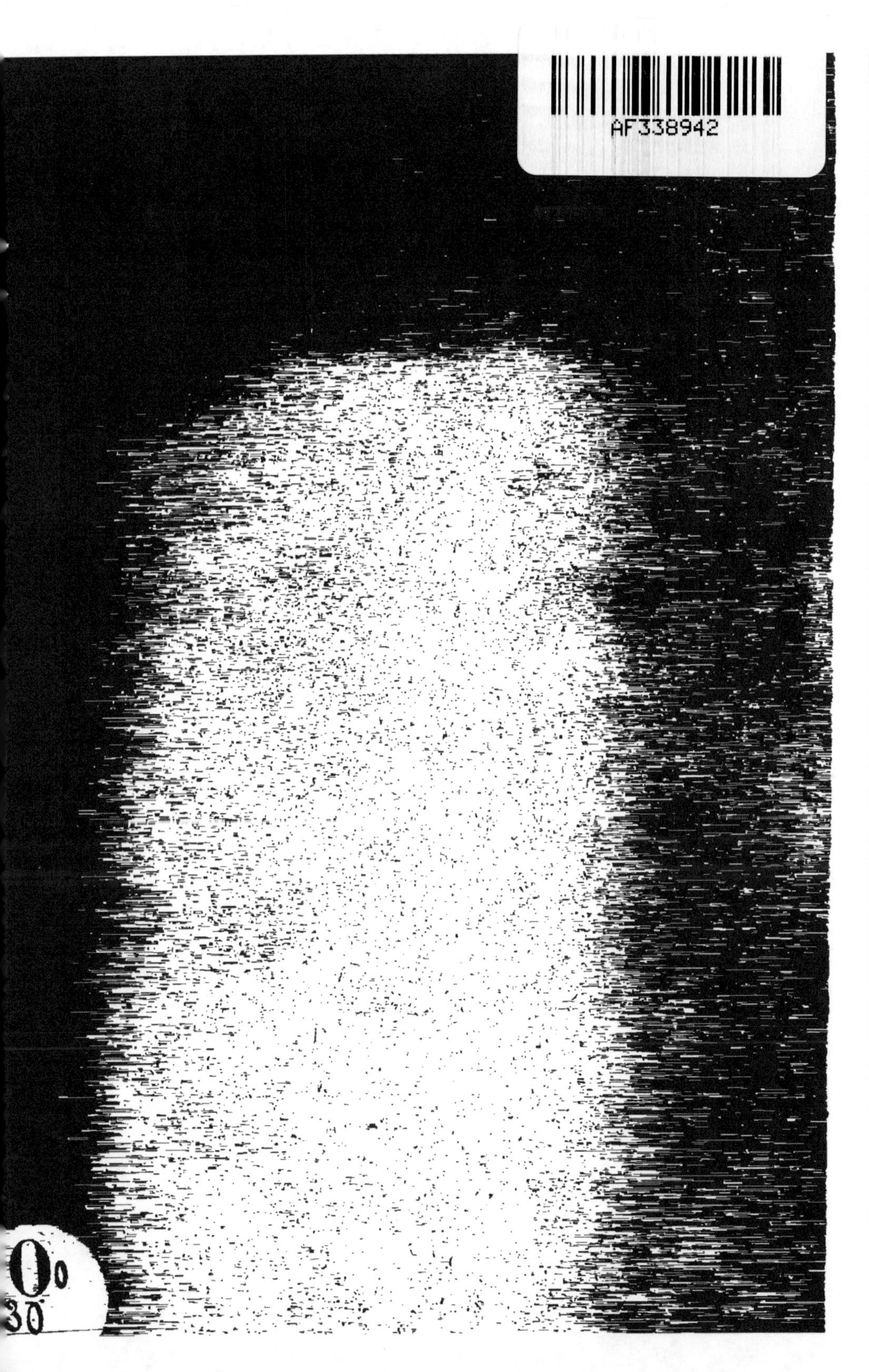
AF338942

LE GÉNÉRAL

SAVALLS

SON PORTRAIT. — SA VIE.

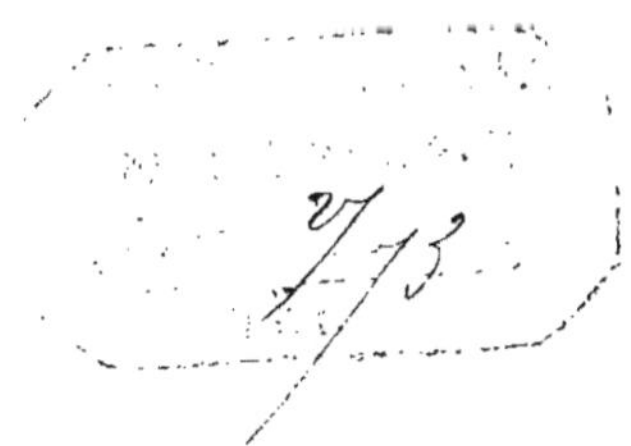

BAYONNE

IMPRIMERIE LAMAIGNÈRE, RUE CHEGARAY, 39.

1873

Droits de traduction et de reproduction réservés.

L. Rivetti

LES CÉLÉBRITÉS CARLISTES.

LE GÉNÉRAL SAVALLS.

Salve, salve, patricio preclaro
Salve, si, de la fé campeon :
En Italia, luchaste por Pio,
Y en España por Carlos Borbon.

Salut, salut, noble guerrier,
Salut champion de la foi.
En Italie, tu luttas pour Pie IX,
En Espagne pour Carlos de Bourbon.

(Chanson Carliste).

Le 15 mai 1872, on lisait dans la *Gazette officielle* de Madrid :

« Il ne reste plus dans la province de Girone que quelques petites bandes commandées par Savalls, Pedro Grao et Galceran. Elles parcourent le pays, de Tordera à Ripoll, fuyant devant nos troupes et évitant toute rencontre. »

Ainsi parut pour la première fois dans la *Gazette* le nom de Savalls.

Combien y en eut-il qui le remarquèrent, et qui aurait pu soupçonner alors que ce nom allait bientôt devenir un des plus populaires de l'Espagne ?

Une semaine après, le 21 mai, la *Gazette* nous apprenait que Savalls était entré à San Jordi del Walls.

Le 23 mai, elle nous annonçait la bataille de Sagaro, gagnée sur le capitaine Viere, et elle nous affirmait que Savalls allait repasser la frontière, tremblant devant les colonnes amédéistes.

Un an s'est écoulé depuis, et ce point de la frontière vers lequel le général carliste se dirigeait en toute hâte, Savalls ne l'a point encore atteint.

Depuis lors, pas une semaine ne s'est passée sans une ou plusieurs rencontres, sans quelque aventureuse expédition, toujours couronnée de succès pour le soldat du roi légitime. Savalls a conquis dans tous ces combats une renommée de bravoure et d'habileté, qui lui ont mérité l'admiration de ses amis et de ses ennemis. Il est devenu une des plus pures et des plus sympathiques célébrités de l'Espagne carliste.

Essayons de le faire mieux connaître et plus aimer. Don Francisco Savalls est né à Pera, province de Girone, en 1817. On voit qu'il mérite le glorieux titre de vétéran, que lui ont décerné les journaux carlistes.

Il appartient à une famille où l'honneur et l'attachement à la maison royale de Bourbon sont héréditaires.

A l'âge de dix-huit ans, en 1835, il rejoignit son père dans l'armée de Carlos V. L'épée qu'il prit alors, il ne l'a plus déposée. Tantôt en Catalogne, tantôt en Italie, Savalls a toujours combattu.

Vrai type du soldat, il n'a jamais pu vivre sans se battre. Un jour de bataille est pour lui un jour de fête. Soldat chrétien, il n'a jamais défendu que la religion et le droit.

Après avoir fait ses premières armes sous les ordres de son père, il rentra en France en 1840 avec le grade de capitaine. Sept ans ans plus tard, il prit part à cette fameuse campagne de Catalogne qui valut à Cabrera tant de gloire et la réputation d'un des plus grands tacticiens de ce siècle.

Savalls entra ensuite dans l'armée du duc de Modène, qu'il servit fidèlement jusqu'à la paix de Villafranca. Quelque temps après, il prit du service dans l'armée pontificale.

Au milieu de cette poignée de braves, il se fit remarquer parmi les plus vaillants. C'est au séjour de Savalls dans l'armée pontificale qu'il faut rapporter l'anecdote suivante :

La scène se passe à Rome. Les troupes sont **rangées** en ordre de bataille sur la place Saint-Pierre.

Le Pape parcourt les rangs, souriant et bienveillant pour tous.

Tout à coup il s'arrête devant un brillant officier de chasseurs indigènes, à la figure martiale et à l'œil de feu.

Le grand Pontife jette sur le soldat un de ces regards profonds et doux, qui semblent lire au fond des cœurs, et d'une voix grave :

— Mon ami, lui dit-il, vous êtes fait pour de grandes choses.

Et il passa, laissant tout le monde dans l'étonnement. Nous garantissons l'exactitude de ce fait. Les témoins de cette scène étaient nombreux, et en présence des événements actuels, aucun d'eux ne l'a oubliée.

Le jour vint où le patrimoine de saint Pierre fut en danger ; Savalls tira avec joie son épée du fourreau.

Il dut songer à la division Manzano, prise entre deux montagnes, au siége de Vich, aux combats livrés par Cabrera pour le roi.

Maintenant, c'était pour Dieu qu'il fallait combattre, et Savalls était debout.

Le Piémont lança sur les Etats Pontificaux des milliers de soldats ; résister était folie.

Et pourtant Lamoricière, le héros d'Afrique, Lamoricière monta à cheval, et Pimodan et lui répétèrent le cri d'un roi de France : Qui m'aime me suive !

L'armée de Pie IX, comme autrefois la légion thébéenne, offrit à Dieu le sacrifice de sa vie.

La veille de la bataille de Castelfidardo, Pimodan, qui prévoyait le triste dénouement du lendemain, disait à notre héros :

— Capitaine, vous connaissez la guerre, ce n'est pas la première fois que vous êtes entouré par des forces supérieures ; croyez-vous qu'il soit possible de jouer l'armée italienne et d'aller nous réfugier à Ancône ?

— Oui, général, répondit Savalls ; je me fais fort de conduire à Ancône l'armée pontificale, si on consent à sacrifier l'artillerie.

— Sacrifier l'artillerie ! c'est impossible, s'écria Pimodan.

— Dans ce cas, il ne reste qu'une chose à faire : mourons demain en hommes de cœur.

Le lendemain, des deux interlocuteurs, l'un était mort, l'autre était prisonnier.

A peine Savalls eut-il recouvré sa liberté, qu'il revint auprès de Pie IX.

Il y resta jusqu'au mois de septembre 1870, commandant une compagnie de chasseurs indigènes.

Il y avait si longtemps que Savalls était en Italie, qu'on ne le regardait plus comme étranger.

Il suivit les fortunes diverses de l'armée pontificale,

et acquit la considération et l'estime de tous ses chefs, qui le tenaient pour un des meilleurs officiers d'une armée où l'on en comptait pourtant de si distingués.

Quand le crime de l'invasion italienne fut consommé, Savalls se trouvait avec son bataillon à Civita-Vecchia. La résistance était impossible : on parla de se rendre. Parmi les officiers de la garnison, il y en eut deux qui refusèrent de consentir à la capitulation, un capitaine de zouaves français et Don Francisco Savalls.

Faisant allusion à son invincible énergie, le général Kanzler lui dit, en le voyant revenir à Rome : « Ah ! je savais bien que vous ne nous abandonneriez jamais ! »

Savalls n'a d'autre fortune que son épée. Le licenciement de l'armée pontificale le réduisait à la misère. Il vécut quelque temps à Rome des secours de Pie IX, puis il vint habiter Nice, patrie de sa femme, et attendit des jours meilleurs.

C'est de cette ville qu'il écrivait à un de ses amis : « Puisque le Pape n'a plus besoin de moi, faites savoir « au Roi que je suis à Nice et que j'attends ses ordres. « J'espère être des premiers à lever son étendard en « Catalogne, et mon plus grand bonheur sera de mourir « en défendant la bonne cause ; mon père est mort pour « elle. »

Au premier appel de Don Carlos, il accourut. La prophétie du Pape allait s'accomplir : les grandes destinées de notre héros commençaient.

Avant de partir pour l'Espagne, il alla à Rome demander au Pape sa bénédiction. Le Pontife bénit son soldat et lui dit avec effusion : « Allez, mon fils, partez « avec confiance et ne craignez rien ni pour votre âme « ni pour votre corps. »

Telles furent les propres paroles du Pape, et Savalls partit. Il crut que la bénédiction du vicaire de Jésus-Christ le mettait à couvert de tous les accidents de la guerre. Il se précipita tête baissée au milieu des périls. Toujours au premier rang, il a vu tomber à ses côtés ses principaux officiers et ses meilleurs soldats ; lui n'a jamais été atteint.

La bénédiction apostolique l'a rendu invulnérable.

Savalls prit pour théâtre de ses nouvelles entreprises la province de Girone, qui avait été témoin de ses premiers pas dans la carrière des armes.

Lorsqu'on apprit à Madrid que les carlistes relevaient leur drapeau et envoyaient un sanglant défi à la révolution, la presse libérale n'eut pas assez de railleries pour ces montagnards fanatiques.

L'idée monarchique, disait-on partout, ne lèvera pas un homme.

Savalls se présenta avec la bannière sans tache ; en quelques jours, deux cents volontaires s'étaient rangés autour de lui.

Dans les premiers temps de la lutte, il s'efface derrière Castell et Fransech. Attendez, son heure viendra promptement.

Le ministère Sagasta voulut faire face à l'orage. Il leva deux armées. L'une pacifia le Nord-Ouest, on sait par quels moyens, puis elle se dirigea vers la Catalogne pour rejoindre la seconde. Au milieu de l'abattement de tous, seuls trois hommes ne désespéraient pas.

C'étaient Castell, Fransech et Savalls. Aux cris de victoire de l'ennemi, Fransech répondit par un coup de main sur Reus et mourut enseveli dans son triomphe.

De son côté, Castell, retrouvant l'énergie de sa jeunesse, malgré ses 72 ans, entrait à Solsena.

Et Savalls, que faisait-il ?

Savalls était partout, se battant tous les jours et tous les jours victorieux.

Dans l'espace de quatre mois, je compte de lui dix glorieux succès.

Le 21 mai, il triomphe, à Sagaro, du capitaine Viere ; le 4 juin, il défait et tue, à Ruidarenas, l'infortuné colonel Pola ; il en fait autant aux Arbucias, le 19 juin, pour le colonel du régiment de Navarra.

A Pedro de Torello, à San Quirce, au mois de juillet, à la Sellera et à Tavertet, au mois d'août, les généraux amédéistes Mercado, Reyna, Campo et Molera éprouvent de sanglants échecs.

Enfin, le 18 août 1872, à Vidra, le fameux général Hidalgo était complétement battu et mis en fuite.

Savalls établit son quartier général sur le théâtre de son triomphe et dès ce jour un député put dire de lui aux Cortès en toute vérité : « Le vrai capitaine-général de la principauté de Catalogne, c'est Savalls.

Quelques jours après, à Castelltersol, le colonel Fajardo était écrasé ; peu après, c'était le tour du colonel Font de Moras.

Tout ceci semble une fable, et cependant rien n'est plus vrai. Avec une poignée de braves, Savalls a tenu tête pendant un an à toutes les forces de l'Espagne.

Je veux raconter ici une anecdote qui m'a été contée par une personne digne de foi et qui va nous donner sur Savalls l'opinion d'un juge compétent.

C'était au mois de novembre dernier ; le général carliste attirait sur lui l'attention de toute l'Europe. Autour de Don Carlos, à Bordeaux, était réunie une nombreuse société de fidèles serviteurs et d'amis dévoués, et parmi eux on remarquait l'ancien commandant des zouaves pontificaux, le baron de Charette.

— Eh bien, dit le roi, qui aurait cru, il y a un an, que Savalls dût acquérir une telle réputation.

— Moi, sire, s'écria de Charette, moi qui le connais; et je dis que tout n'est pas fini et qu'il acquerra encore une gloire que ni vous ni moi ne pouvons prévoir.

Le gouvernement voulut frapper un grand coup et envoya contre lui le général Baldrich. Savalls, après un léger avantage à Capdevano, se laissa acculer à la frontière, près de Puycerda.

Il était cerné, on put croire un instant que tout était fini.

Il réunit ses compagnons:

— Mes amis, leur dit-il, voulez-vous rentrer en France ?

— Jamais, jamais, lui est-il répondu.

— Eh bien, nous n'y rentrerons pas. Voilà cinq mois que la guerre dure, je ne crois pas qu'elle doive finir aujourd'hui. Ayez bon courage.

La nuit, par un sentier escarpé de la montagne, les carlistes s'échappaient.

C'était Baldrich qui était joué.

Si les carlistes eussent eu un autre général que Savalls, la guerre finissait ce jour-là et la cause légitimiste était frappée au cœur.

Le ministère Zorrilla écrivait cependant dans ses journaux, et l'Agence Havas faisait savoir à tous les coins du monde, que l'insurrection carliste décroissait rapidement et que Savalls errait dans les montagnes, presque seul et désespéré.

Ces mensonges ridicules n'avançaient guère les affaires des républicains.

Savalls fut surtout admirable dans cette lutte contre Baldrich. Presque tous les jours on se bat. Ce ne sont que marches, contre-marches. Le général carliste attire au loin, égare et fatigue ses adversaires.

Puis, au lieu et au moment propice, quand on le croit à vingt lieues de là, il apparaît tout à coup. Une terrible fusillade annonce sa présence. Les ennemis tombent frappés sans voir leurs adversaires. Le lendemain, même manége et même résultat.

Mon intention n'est pas de raconter ici toutes les péripéties de cette lutte, j'exposerai seulement les principaux faits.

Le 10 décembre, pour la troisième fois, Cabrinetty était mis en déroute par Savalls.

L'édifice hispano-savoyard s'écroule. Amédée quitte un trône sur lequel il n'aurait jamais dû s'asseoir. Baldrich est remplacé par le général Gaminde.

Quelque temps après, Don Alphonse, frère du roi, venait prendre le commandement supérieur des troupes de Catalogne.

Ce fut un beau jour pour Savalls que celui où il put montrer au prince sa petite armée de braves volontaires.

Don Alphonse les passa en revue et les félicita de leurs brillants succès. Trois princes du sang, à l'heure qu'il est, se trouvent dans leurs rangs.

Gaminde n'eut pas plus de succès que Baldrich. En quelques jours, toutes les villes de second ordre du Principado étaient bloquées par les carlistes.

Le général républicain restait à Barcelone, tremblant de paraître en rase campagne devant son adversaire et laissait le plus honteux désordre régner dans son armée.

Qui ne connaît les scènes ignobles occasionnées dans la capitale du Principado par l'armée républicaine ?

Contreras, successeur de Gaminde, proclame l'indiscipline, base de la liberté. Les soldats insultent leurs officiers et se rient de leurs ordres.

A la nuit tombante, ils font comme faisaient jadis les soldats de Charles II : l'obscurité les tranforme en larrons.

Tout à coup, on apprend que Savalls est entré à Ripoll.

Ripoll est une place forte et bien défendue. Savalls s'en empare après quelques heures d'attaque.

Contreras lança une proclamation flamboyante pour appeler aux armes tous les amis de la liberté.

Les amis de la liberté, qui ne tenaient pas à combattre, lurent la proclamation, et ce fut tout.

Quelques heures après la prise de Ripoll, arrive la nouvelle de la débâcle de Cabrinetty à Campdesarol.

La fureur de Contreras va toujours en augmentant ; nouvelle proclamation.

Même attitude des amis de la liberté.

Pour comble de malheur, Contreras reçoit une communication qui lui annonce que Savalls a forcé la garnison de Berga à capituler.

Après vingt heures de combat, Savalls et Don Alphonse s'étaient installés dans Berga. Cinq cents hommes avaient mis bas les armes ; on avait trouvé dans la place douze cents fusils et six cent mille cartouches.

Ce fut le 28 mars qu'eut lieu ce glorieux fait d'armes.

Ne pouvant le vaincre par les armes, la révolution a eu recours à la calómnie. On voyait que Savalls devenait un homme de guerre, on essaya d'en faire un brigand.

Un brigand ! c'était le titre qu'on donnait aux Vendéens, à Charette, aux zouaves pontificaux, et Savalls l'a porté noblement comme eux.

On a parlé des fusillades de Berga, des excès commis par les carlistes.

Aucun homme sensé n'y a ajouté foi; les calomniateurs le sentaient eux-mêmes. Ils n'en ont pas moins persisté à répéter les mêmes absurdités. Il en restera toujours quelque chose....... dans l'opinion des imbéciles.

Après une douzaine de proclamations, qui constituaient ses plus beaux états de services, Contreras céda la place au général Velarde.

Celui-ci n'a pas eu plus de succès que son prédécesseur. Il se fait battre quatre ou cinq fois par mois et télégraphie régulièrement deux fois par semaine à Madrid que les carlistes sont en pleine déroute et fuient vers la frontière.

Telle est la situation des affaires à l'heure où j'écris ces lignes. On peut déjà prévoir le jour où les armées carlistes, sérieusement organisées et parfaitement équipées, passeront l'Ebre pour marcher sur Madrid, et ce jour n'est pas loin.

Disons en terminant comment Savalls donna un jour à Contreras une leçon dont celui-ci ne sut pas profiter.

Plusieurs soldats, déserteurs de l'armée régulière, se présentent au camp des carlistes.

— D'où venez-vous, leur dit Savalls ?

— De Barcelone, lui est-il répondu.

— Et que fait-on à Barcelone ?

— Des *pronunciamientos* d'heure en heure.

— De quel bataillon êtes-vous ?

— Du bataillon qui a hué Contreras et battu ses officiers.

— Et vous venez.....

— ...... Servir Charles VII.

— Charles VII veut des gens disciplinés et qui respectent leurs officiers.

Et il les fit chasser de son camp.

Ce trait peint l'homme. Caractère sérieux, âme haute, habitué à l'ordre et à la hiérarchie, le général carliste ne saurait souffrir l'indiscipline sous quelque forme qu'elle se présente. Ses bandes sont devenues après peu de jours de véritables bataillons, qui aujourd'hui protégent seuls l'ordre dans la Catalogne, poursuivant sans relâche les malfaiteurs que la guerre civile avait attirés dans le pays.

Tel est Don Francisco Savalls, autrefois soldat dévoué de Pie IX, maintenant général du roi Charles VII.

Puisse Dieu récompenser bientôt sa valeur et sa constance en lui accordant la seule chose qu'il désire : voir Charles VII régner à Madrid et Pie IX à Rome.

Carlos DE ROLDAN.

Bayonne, le 28 Avril 1873.

P. S. — Depuis le jour où nous signions les pages qui précèdent, un mois s'est écoulé.

Ce peu de temps a suffi pour changer bien des choses en Europe, mais il a ajouté de nouveaux fleurons à la couronne de notre héros.

Savalls est toujours en Catalogne, toujours victorieux.

Un jour on crut que ses lauriers allaient être pour jamais flétris. Il avait attaqué Puycerda et avait été repoussé ; les libéraux ne se tenaient pas de joie.

L'invincible Savalls vaincu, c'était trop de gloire.

Ils ne purent la supporter, et aux fusillades imaginaires de Berga ils répondirent par de trop réelles cruautés, indignes d'un peuple civilisé, et dont le récit serait trop long.

L'agence Havas s'en donna à cœur joie sur le général carliste. Il faut lire ces dépêches, collection de mensonges ineptes et de contradictions ridicules.

Un jour, enfin, arriva la grande nouvelle : Don Alphonse était rentré en France, Savalls avait disparu, tout était bien fini. Les libéraux préparaient des feux d'artifice, quand tout fut démenti.

Savalls, par une action d'éclat, prouva qu'il existait encore et le 13 mai on apprit que Mataro, ville de 20,000 âmes, située à 30 kilomètres de Barcelone, était entre ses mains.

Un si grand succès était suivi d'un plus important. Quelques jours après, Arenys del Mar, ville de 30,000 âmes, tombait au pouvoir des carlistes.

C'est ainsi que Savalls prouva à l'Europe combien il était découragé et abattu.

Aujourd'hui, Manresa, Vich et plusieurs villes importantes du Principado sont assiégées par les carlistes et seront bientôt forcées de leur ouvrir les portes.

Tel est l'état de la Catalogne, et s'il faut en croire les journaux qui m'arrivent au moment où j'écris ces lignes, Velarde et ses officiers, obligés de fuir devant l'indiscipline croissante de leur armée, auraient abandonné un poste devenu intenable.

Voilà le premier résultat de la proclamation de la république fédérale.

Malheureuse Espagne ! Au Nord, la guerre civile ; au Sud, la Commune ; en Amérique, la révolte des colonies ! Où est le temps où Philippe II disait : Le soleil ne se couche jamais sur mes terres ?

Bayonne, le 9 Juin 1873.

Bayonne, imprimerie Lamaignère.

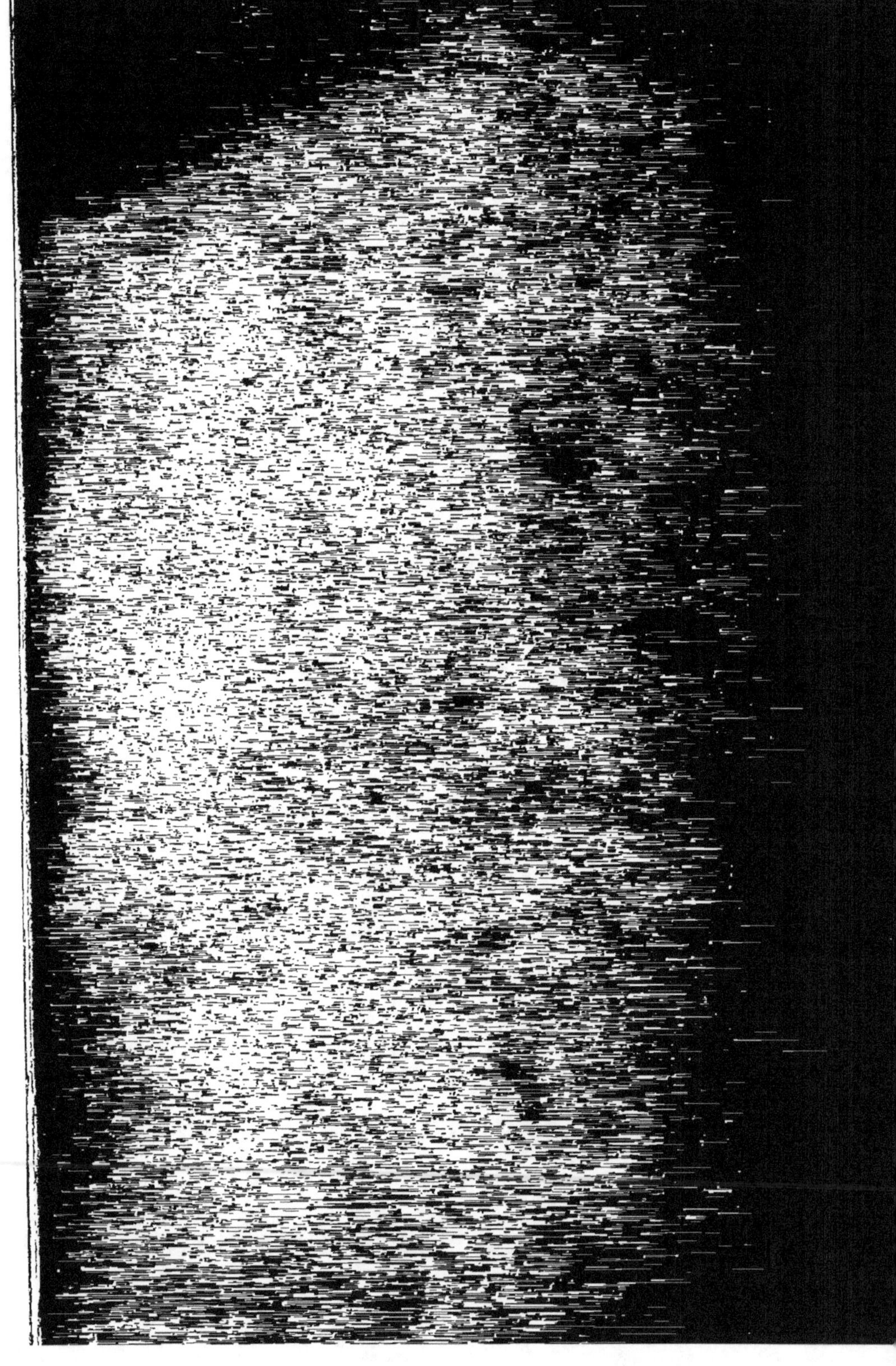

www.ingramcontent.com/pod-product-compliance
Lightning Source LLC
Chambersburg PA
CBHW051204050726

47594CB00007B/3048